# Learn Spanish
# Bilingual Book
# The Adventures of Julius Caesar
# Spanish - English

© Bilinguals

www.bilinguals.ink

**Discover the Fun, Addictive Way to Learn Spanish!**

Introducing Our New Bilingual Text Series.

Each Unique Story is Inspired by a Historical Figure & Written in Modern Language for Readers of All Ages to Enjoy!

**Looking for a fun way to learn Spanish? We've got the book series for you!**
Our new bilingual text series features books written Spanish for all skill levels. Translated sentence by sentence, the corresponding English translation is placed below the original Spanish sentence so you can easily compare the vocabulary and sentence structure. We have found this presentation technique creates a fun and motivating way to learn, with many readers saying the learning experience is similar to putting a puzzle together. Our readers learn a new language faster, because they are reading content that interests them and the sentence by sentence translation guarantees that the natural reading flow is not interrupted.

**Learn Two Things At Once!**
Using modern language, we present fresh views on exciting and important historical events, so that not only do you learn a new language, but you also gain valuable general knowledge.

**With this edition you get:**
• Translations that use modern, "chatty" language so that you better understand what's written and learn words people actually use today!
• Stories written to entertain you. They are funny, interesting AND they carry educational value so you'll want to keep reading and learning!
• Stories told by different characters in the first person – this unique story-telling method will keep you engaged and make your reading experience even more enjoyable!
• Content that is based on facts so that you increase your general knowledge, while also learning a new language!

**Other Books from this Series:**

**Learn Spanish - Bilingual Book**
The Life of Cleopatra

**Learn Spanish - Bilingual Book**
The Adventures of Julius Caesar

**Learn Spanish - Bilingual Book**
Vercingetorix vs Caesar - The Battle of Gaul

**Learn Spanish - Bilingual Book**
The Starry Night

# Table of Contents

# BILINGUAL

## El Joven Julio César
### *The Young Julius Caesar*

Mi cara sonriente tenía el curioso don de abrirme puertas.
My smiling face had a funny way of opening doors for me.

Todas las madres de mis amigos pensaban que era el niño más mono y mis buenos modales tampoco venían mal.
All the mothers of my friends thought I was just the cutest young boy and my good manners didn't hurt either.

Cuando llamé golpeando en la gran puerta de madera de la casa de mi colega Julio César, su madre, Aurelia Cota, me acompañó hasta el interior de la casa.
When I knocked on the large wooden door at the home of my buddy Julius Caesar, his mother Aurelia Cotta ushered me into the house.

"Bienvenido, Flavio", exclamó con una sonrisa. "Julio es tan afortunado de tener un amigo como tú".
"Welcome Flavio," she exclaimed with a grin. "Julius is so blessed to have a friend like you."

Yo acepté cortésmente sus amables palabras con

una inclinación de la cabeza (y una gran sonrisa, por supuesto), luego me dirigí al patio, donde sabía que Julio estaría jugando.

I graciously accepted her kind words with a nod of my head (and a big smile of course) then headed for the courtyard, where I knew Julius would be playing.


La casa de Julio era bastante grande, en comparación con otras casas romanas.

Julius's house was pretty big as Roman houses go.

No era la más grande en Roma, en absoluto, pero de todas formas era impresionante.

Not the largest in Rome, by any means, but impressive just the same.

El padre de Julio era Cayo Julio César.

Julius's father was Gaius Julius Caesar.

Era un magistrado muy conocido y antiguo gobernador de Asia.

He was a well-known magistrate and former governor of Asia.

Aurelia Cota venía además de una de las mejores familias en Roma, por lo que la familia de César no era pobre.

Aurelia Cotta was also from one of the better families in Rome so Caesar's family was not poor.

Su casa estaba situada en una gran colina, contemplando la ciudad desde lo alto.

Their house sat on a large hill overlooking the city below.

Cuando le encontré, Julio se entretenía con un juego de tabas.
When I found Julius he was amusing himself with a game of knucklebones.

Este juego se juega utilizando pequeños huesos del tarso de ovejas o cabras.
The game is played using the small knuckle bones of sheep or goats.

El objetivo del juego es tirar un puñado de tabas al aire y hacer que el mayor número posible de ellas caigan en el dorso de tu mano.
The object of the game is to throw a handful of knuckles into the air and have as many of them as possible land on the back of your hand.

Cuantas más tabas se utilicen, mayor dificultad.
The more knuckles you used the more difficult.

Como puedes imaginar, no era un juego fácil de jugar, pero Julio parecía estar disfrutando del desafío.
As you might imagine, it wasn't an easy game to play but Julius seemed to be enjoying the challenge.


"Oh, Flavio", gritó Julio.
"Oh Flavio," yelled Julius.

"Me alegro tanto de verte.
"I am so glad to see you.

Estaba empezando a volverme loco, al no tener a nadie con quien jugar.
I was beginning to go crazy having no one to play

10

with.

Bueno, nadie excepto mi hermana Julia, pero no podía aguantar la idea de volver a jugar con muñecas".
Well, no one but my sister Julia and the thought of playing with dolls again was just too much for me to endure."


"Ahora podremos jugar a un juego bélico.
"Now we can play a game of war.

Tú, Flavio, puedes ser el enemigo de Roma, y yo seré el Gran César.
You Flavio can be the enemy of Rome and I will be the Great Caesar.

¡El mejor soldado jamás visto en Roma!"
The finest soldier Rome has ever seen!"


Estuve a punto de quejarme de ser siempre el enemigo cuando Julio me lanzó una espada de madera de su caja de juguetes; la empuñadura de la espada aterrizó a poca distancia de mis pies.
I was just about to complain about always being the enemy when Julius tossed me a wooden sword from his toy box; the handle of the blade landed inches from my feet.

Un segundo después, Julio había sacado ya su propia espada de la caja y se me echaba encima como un toro furioso.
As the next second passed, Julius had already pulled his own sword from the box and was charging me like

a raging bull.

Yo era un chico grande para mis diez años y Julio era mucho más pequeño, pero sabía que si no actuaba rápidamente el Gran César me tendría tirado en el suelo pidiendo clemencia.
I was a big boy for ten and Julius was much smaller but I knew if I didn't act quickly the Great Caesar would have be on my back begging for mercy.

Me agaché para recoger mi espada rápidamente y bloqueé el primer golpe de César con el filo de mi hoja.
I bent over quickly to pick up my sword and deflected Caesar's first blow with the edge of my blade.

Nuestra gran batalla duró por lo menos cinco minutos, con las espadas chocando una contra la otra, hasta que finalmente yo me retiré.
Our big battle lasted for at least five minutes with swords crashing into one another until I finally retreated.

Al final, como era de esperar, el Gran César salía victorioso.
In the end, as expected, the Great Caesar remained victorious.

"¿Hay algo para comer?", pregunté, frotando mi barriga con hambre.
"Is there anything to eat," I asked, rubbing my stomach with hunger.

"Creo que el Gran César puede encontrar un bocado o dos para el derrotado", dijo Julio riéndose.
"I think the Great Caesar can find a morsel or two for the defeated, said Julius laughing.

"¿Qué te parece un bol de higos y miel?"
How does a bowl of figs and honey sound?"

Seguí a César desde el patio hasta la parte trasera de la casa, donde se encontraba la Culina o cocina.
I followed Caesar from the courtyard to the back of the house where the Culina or kitchen was located.

Sólo esclavos cocinaban comidas en la cocina de César, pero hoy la pequeña habitación estaba vacía.
In Caesar's kitchen only slaves cooked meals but today the small room was empty.

"Deben estar en el jardín recogiendo hierbas para la cena de esta noche", dijo Julio.
"They must be in the garden collecting herbs for tonight's meal," said Julius.

"Parece que tendremos que servirnos nosotros mismos".
"We will have to help ourselves it seems."

Mientras los dos nos encontrábamos ocupados buscando el dulce tarro de miel en la despensa, unas risas conocidas captaron nuestra atención.
While the two of us were busy looking in the pantry for the sweet pot of honey some familiar laughter caught our attention.

Detrás de nosotros, entrando en la estancia, se encontraban la hermana de Julio, Julia, y su buena amiga Cornelia.
Behind us just entering the room was Julius's sister Julia and her good friend Cornelia.


"Oh, Dios, se trata tan sólo de mi fea hermana", se quejó César.
"Oh God, it's just my ugly sister," Caesar complained.


"Cómo osas dirigirte a mí de tal manera", respondió Julia.
"How dare you address me in such a manner," Julia responded.


Antes de que Julio pudiese hablar nuevamente, un gran cuchara de madera vino volando por el aire, golpeándole justo en el trasero.
Before Julius could speak again a large wooden stirring spoon came flying through the air, hitting him directly on his backside.


"En la diana", gritó Julia.
"Bull's-eye," Julia shouted.


César, a su vez, comenzó a perseguir a las chicas alrededor de la cocina, animándome a que me uniese a la batalla.
Caesar, in turn, started chasing the girls around the kitchen encouraging me to join the battle.

Mientras seguía a Julio, como un buen soldado, me di cuenta de que él gastaba todas sus energías intentando atrapar a Cornelia y no a Julia.
As I followed Julius like a good soldier I noticed he was spending all of his energy trying to catch Cornelia and not Julia.

Cuando finalmente la alcanzó y la tomó por el brazo, la joven Cornelia objetó.
When he finally caught up with her and took her by the arm, the young Cornelia objected.

"No es a mí a quien quieres, Julio".
"It's not me that you want Julius."

"No es verdad", dijo César, después de lo cual todos comenzamos a reír tontamente.
"Not true," Caesar said, whereupon everyone began to giggle and laugh.

Cornelia comenzaba además a ruborizarse.
Cornelia was also beginning to blush.

Tras esto, ambas chicas corrieron deprisa hacia el interior de la casa, dejándonos a los dos con nuestra miel.
With that both girls scampered off into the house leaving the two of us to our honey.

"Otra batalla vencida", le comenté a César mientras comíamos.
"Another battle won," I commented to Caesar as we

ate.

"Casi vencida", contestó él. "Pero algún día me casaré con esa chica".
"Almost won," he replied. "But I will marry that girl one day."

Lo creí, sin duda alguna.
I believed him without a doubt.

Mi amigo Julio no era tan sólo otro chicos común.
My friend Julius was not just another ordinary boy.

Había algo en él que era diferente.
There was something about him that was different.

Con el tiempo se sabría la historia.
Time would tell the tale.

———————————

Cuando Julio tenía sólo quince años de edad, su padre murió, y poco después todo su mundo comenzó a cambiar.
When Julius was only fifteen years of age his father died and soon after his whole world began to change.

Habíamos estado unidos hasta entonces, pero después de la muerte de su padre, nos fuimos distanciando lentamente.
We had been close up until then but after his father's death we slowly grew apart.

Yo estaba ocupado trabajando en la plantación de mi

16

familia, ayudando a cuidar de los viñedos, y Julio empezaba una nueva carrera con el ejército.

I was busy working on my family's plantation helping tend the vineyards and Julius was beginning a new career with the army.

Sus hazañas como soldado, y después como comandante, fueron el tema de conversación en el pueblo.

His exploits as a soldier and then as a commander were the talk of the town.

A pesar de su corta edad, Julio se convirtió rápidamente en un gran soldado y, lo que es más importante, en un gran líder.

Despite his young age Julius quickly became a great soldier and more importantly, a great leader.

Había corrido el rumor, en aquellos tiempos, de que iba a casarse, pero, por razones que la gran mayoría desconocía, la boda nunca llegó a celebrarse.

There had been a rumour in those early days that he was to marry but, for reasons unknown to most, the marriage never occurred.

Sin embargo, la razón era bastante obvia para mí.

However, the reason was quite clear to me.

Simplemente, ella no era el amor de su vida.

She simply wasn't his true love.

Varios años después, a los dieciocho años, Julio César se casó finalmente.

Several years later at the age of eighteen Julius Caesar finally did marry.

¡La novia fue la mismísima chica que había perseguido tanto tiempo atrás por la cocina de su padre: Cornelia!
The bride was the very same girl he had chased so long ago in his father's kitchen; Cornelia!

## Secuestrado
*Kidnapped*

El joven Julio César estaba de pie en la proa de la nave romana que transportaba grano y observaba el mar frente a sí.
*The young Julius Caesar stood at the bow of the roman grain ship and looked out at the sea before him.*

El chico del que había cuidado años atrás, había crecido rápidamente, convirtiéndose en un hombre bien parecido.
*The boy I cared for years ago had grown quickly into a very handsome man.*

Ya que había sido su médico personal, sabía perfectamente que Julio se había convertido en un hombre bien capaz.
*As his personal physicianI knew all too well how capable a man Julius had become.*

¡Pero su madre, una mujer un tanto aprensiva, pensaba que César no podía atarse los cordones de sus sandalias sin una legión de ayudantes a su lado!
*But his mother, a bit of a worry wart, had the idea that Caesar couldn't tie the laces of his sandals without a legion of helpers at his side!*

A mí me habían contratado para hacer de niñera.
*I was hired to babysit.*

La espesa niebla de aquella misma mañana comenzaba en esos instantes a disiparse.
*The heavy fog from earlier that morning was just beginning to lift.*

Me uní a Julio en la cubierta y ambos observamos calladamente el sol abriéndose camino entre las nubes.
*I joined Julius on the deck and we both quietly watched the sun break through the clouds.*

Viajaba hacia la isla de Rodas para estudiar filosofía, y su madre me había enviado a mí para estar junto a él en este viaje.
*He was on his way to the island of Rhodes to study philosophy and I had been sent with him on this journey by his mother.*

Este viaje a Rodas sería para los dos un breve pero agradable descanso de las demandas diarias de una Roma ajetreada.
*This trip to Rhodes would be a short but welcome retreat from the daily demands of a busy Rome for both of us.*

Julio se acababa de acomodar sobre un pequeño barril de raciones y comenzaba a leer un libro que había sacado del interior de su capa, entonces fue cuando empezó la acción.
*Julius had just settled down on a small keg of rations and was starting to read a book he had pulled out from under his cloak and that's when the action began.*

Yo estaba a punto de dejarle con sus estudios cuando un golpe seco, ruidoso y perturbador, sacudió el barco.

*I was about to leave him to his studies when a loud and disturbing thud shook the ship.*

Si no hubiese sido por la fuerza y velocidad de Julio, este viejo médico podría haber caído por la borda directo al mar.

*If it hadn't been for Julius's strength and speed this old doctor might have been thrown right over the side of the ship and into the sea.*

Farfullé un rápido gracias mientras me estabilizaba sobre ambos pies.

*I mumbled a quick thank you as he steadied me on my feet.*

Entonces los dos nos giramos para ver qué había causado semejante ruido y vimos un barco más pequeño, que contaba con una bandera extranjera, aferrándose a la zona este de la popa.

*Then we both turned to see what had caused such a loud noise and saw a smaller ship boasting a foreign flag hugging the east side of the stern.*

¡Cogidos por sorpresa, nos veíamos de repente en la desagradable compañía de piratas que blandían sus espadas!

*Caught by surprise, we were suddenly in the unwelcome company of sword wielding pirates!*

Un amigo, que también acompañaba a Julio en este

viaje, llegó a la cubierta desde el casco, tambaleándose.
*A friend, who was also accompanying Julius on this trip, staggered to the deck from the hull below.*

Se llamaba Caro y poseía una plantación no muy lejos de la ciudad de Roma.
*His name was Caro and he owned a plantation not far from the city of Rome.*

Los tres nos quedamos ahí quietos en silencio, mientras la panda de piratas sicilianos subía al barco transportador de grano.
*The three of us stood frozen in silence as the band of Cilician pirates boarded the grain ship.*

Supimos inmediatamente que los piratas no estaban interesados en el valioso grano en el casco del navío.
*We knew immediately that the pirates were not interested in the valuable grain in the hull of the ship.*

Estos piratas, en lugar de dirigir su interés hacia el trigo, lo dirigieron hacia el mismísimo César, y el gran rescate que podrían obtener por su liberación.
*Instead of wheat these pirates directed their interest to Caesar himself and the sizeable ransom they could get for his release.*

Julio era un hombre valiente y valeroso, pero comprendió que los intrusos le sobrepasaban en número.
*Julius was a brave and courageous man but he understood he was outnumbered by the intruders.*

Los piratas sicilianos habían sido un fastidio constante para Roma ya durante años.
*The Cilician pirates had been a thorn in the side of Rome for years now.*

Sin embargo, eran un problema que las tropas romanas ignoraban a menudo porque traían esclavos y trabajo gratuito a la nobleza romana.
*However, they were a problem the Roman armies often ignored because they brought the Roman nobility slaves and free labour.*

Pero ahora, con una afilada espada peligrosamente cerca de la garganta de César, el hábito de ignorar a los piratas pareció ser una práctica deficiente.
*But now, with a sharp sword held dangerously close to Caesar's throat, the habit of ignoring the pirates seemed a poor practice.*

El pirata que era claramente el líder se acercó finalmente a Julio.
*The pirate who was clearly the leader eventually approached Julius.*

Tenía una malvada sonrisa en el rostro.
*He had a wicked smile on his face.*

Supe que era el líder sólo porque era el que más hablaba y porque su barriga era más grande que la de los demás.
*I knew he was the leader only because he talked the most and carried a belly bigger than the rest.*

Era un hombre que, obviamente, disfrutaba más dando órdenes que recibiéndolas.

23

*He was a man who clearly enjoyed giving orders more than taking them.*

"Mi querido Julio César, por fin nos encontramos.
*"My dear Julius Caesar, we finally meet.*

Me entristece que no pudiese ser en mejores circunstancias, pero los hombres que se dedican al comercio, como yo, necesitamos actuar cuando la oportunidad se presenta".
*I am sad it could not be under better circumstances but men of commerce, like myself, need to strike when the opportunity presents itself."*

"Por supuesto", respondió César.
*"Of course", Caesar responded.*

"Pero me sorprende, teniendo en cuenta tu gran tamaño, que no hayas hundido este barco, y todo lo que hay en su interior, al embarcaste en él hoy".
*"But I am surprised considering your great size that you didn't sink this ship and all on it when you boarded her today."*

El líder de los piratas comenzó a reírse.
*The leader of the pirates began to laugh.*

"César, sabía que serías de valor para mí, pero nunca imaginé que serías entretenido.
*"Caesar, I knew you would be valuable to me but I never imagined you would be entertaining.*

No sólo conseguiremos la importante suma de veinte talentos por tu devolución, sino que disfrutaremos además de un par de chistes".

*Not only will we earn a hefty sum of twenty talents for your return but we will enjoy a joke or two as well."*

"¿Veinte talentos?", gritó César con rabia.
*"Twenty talents, Caesar shouted angrily.*

"¿A quién piensas que estás secuestrando?
*Who do you think you are kidnapping, anyway?*

Yo valgo dos veces esa suma.
*I am worth twice that much.*

¡Te garantizo cincuenta talentos por mi liberación!"
*I will guarantee you fifty talents for my release!"*

Los piratas, que andaban siempre buscando transacciones favorables, aceptaron la oferta de César inmediatamente y sin discusión.
*The pirates who were always in search of a good deal accepted the offer from Caesar right away and without argument.*

Entonces, los piratas nos hicieron salir a César y a mí del barco transportador de grano y nos subieron al barco pirata.
*The pirates then took Caesar and I off the grain ship and onto the pirate ship.*

A Caro lo dejaron atrás.
*Caro was left behind.*

Era tarea suya viajar a la ciudad más cercana y recaudar el rescate.
*It was his job to travel on to the closest city and raise the ransom.*


Durante los siguientes treinta ocho días, Julio y yo permanecimos en cautiverio en el barco de los piratas.
*For the next thirty eight days Julius and I were held captive on the pirate's ship.*

Con el paso de los días, me sorprendía presenciar la rapidez con la que César se iba haciendo amigo de sus secuestradores.
*As the days passed I was surprised to see how quickly Caesar made friends with his kidnappers.*

Se pasaba todo el tiempo contando chistes y haciéndoles reír.
*He would spend all of his time telling jokes and making them laugh.*

Les leyó poesía y recitó discursos.
*He read them poetry and recited speeches.*

Si alguien criticaba sus actuaciones, él respondía llamándolos salvajes y amenazaba con colgarlos a todos como castigo.
*If anyone criticised his performances he would respond by calling them savages and threatened to hang them all as punishment.*

Los piratas, por otro lado, veían la lengua de César como algo divertido, considerando que él era más sencillo que inteligente.

26

*The pirates, on the other hand, viewed Caesar's tongue with amusement thinking him more simple than wise.*

Después de treinta ocho días, Caro regresó, el rescate fue pagado y nos devolvieron nuestra libertad.
*After thirty eight days Caro returned, the ransom was paid and we were given our freedom.*

Para mi sorpresa, en lugar de proseguir su viaje hacia Rodas, César fue a Mileto, donde contrató navíos y hombres para perseguir a los piratas.
*Much to my surprise, instead of continuing his trip to Rhodes, Caesar proceeded to Miletus where he hired ships and men to give chase to the pirates.*

Mientras tanto, en el barco pirata, el pirata gordo y su tripulación habían olvidado ya al joven César.
*Meanwhile, back on the pirate ship, the fat pirate and his crew had already forgotten about the young Caesar.*

Estaban ocupados celebrando su victoria cuando, de repente, un golpe seco, ruidoso y perturbador, sacudió el barco.
*They were busy celebrating their victory when suddenly a loud and disturbing thud shook the ship.*

El pirata gordo y su bolsa con el dinero del rescate salieron volando por los aires, chocando contra una pared y cayendo al suelo.
*The fat pirate and his bag of ransom money went flying through the air, crashing into a wall and falling*

27

*to the floor.*

Cuando corrió hacia la cubierta para ver a qué se debía todo aquel alboroto, le horrorizó ver que un gran navío de guerra romano había embestido contra el flanco de su barco.
*When he rushed up onto the deck to see what all the commotion was about he was horrified to see a big Roman warship had rammed the side of his vessel.*

¡Cómo se habían vuelto las tornas de repente!
*The tables had suddenly turned!*

De pie ante él se hallaba César, que agitaba su espada en el aire furiosamente, con cien soldados romanos a sus espaldas.
*Standing before him was Caesar waving his sword angrily in the air with a hundred Roman soldiers behind him.*

Una corta batalla tuvo lugar y todos los piratas fueron capturados.
*A short battle took place and all the pirates were captured.*

César fue un hombre de palabra.
*Caesar had been a man of his word.*

Como había prometido, se ejecutó a todos y cada uno de los piratas.
*As promised, each and every one of the pirates was put to death.*

Él, por otro lado, se salvó de la batalla con sólo un

rasguño.
*Caesar, on the other hand, escaped the battle with no more than a scratch.*

Mientras yo vendaba su pequeña herida, César miró desde arriba a su viejo médico.
*While I was bandaging his small wound, Caesar looked down at his old doctor.*

Agarrando firmemente una bolsa con monedas, habló:
*Holding tightly to a bag of coins he spoke,*

"Te dije que valía cincuenta talentos".
*"I told you that I was worth fifty talents."*

¡César, pensé para mis adentros, había sido el último en reírse!
*Caesar, I thought to myself, had just had the last laugh!*

## Macresco
*Macresco*

Yo tenía apenas doce años cuando me enviaron a trabajar como esclavo con los guardas de tienda de campaña en la operación militar de Julio César en la Galia.
*I was barely twelve years old when they sent me to work as a slave with the tent keepers on Julius Caesar's military campaign in Gaul.*

El nombre que me dieron los romanos fue Macresco, que en latín significa flaco.
*The name given to me by the Romans was Macresco, which is Latin for skinny.*

Cuando conocí a mi amo, el gran César, por primera vez, dijo: "¡Eres tan flaco que cuando te giras hacia un lado desapareces!"
*When I first met my master, the great Caesar, he said "You're so skinny when you turn sideways you disappear!*

Mi constitución pequeña y delgada divertía a algunas personas, pero yo siempre conseguía cumplir con las tareas.
*My small thin frame was amusing to some, but I always managed to get the job done.*

Julio César era muy amable conmigo y valoraba el

30

trabajo que yo realizaba.
*Julius Caesar was very kind to me and valued the work I provided.*

"Eres un chico que trabaja duro considerando el tamaño que tienes", decía.
*"You are a hard working boy for your size", he would say.*

"Cuando tengas más carne en los huesos y unos cuantos años más a tus espaldas, tendremos un gran soldado en nuestras filas".
*"When we put some meat on your bones and you get a few more years under your belt we will have a fine soldier in our ranks."*

Mi trabajo como guarda de tienda implicaba montar y desmontar la tienda de campaña de César cuando éste se hallaba en el campo de batalla.
*My job as a tent keeper involved putting up and taking down Caesar's tent when he was out on the battlefield.*

Era una tienda grande, casi tan grande como la típica casa romana.
*It was a large tent, almost as big as the average Roman home.*

Necesitábamos ser por lo menos una docena de hombres para colocar las robustas varas en el suelo.
*It took at least a dozen of us to set the sturdy poles into the ground.*

Entonces poníamos, sobre la parte superior de las

varas, secciones grandes de cuero de cabra o becerro y las anclábamos al suelo con estacas de madera gruesas.
*We would then pull large sections of goat or calf hide over the tops of the poles and anchor them to the ground with thick wooden stakes.*

A pesar del duro trabajo, nos reímos frecuentemente y nos gustaba bromear diciendo: "Este trabajo es tan duro, es para aquel que entienda… entienda... ¿lo pillas?"
*Despite the hard work we often laughed and liked to crack jokes saying, "this work is so hard and intense … in tents ... get it?"*

Aparentemente, no costaba mucho hacernos reír.
*Apparently it didn't take much to make us laugh.*

Una vez que la tienda de campaña estaba en su lugar, descargábamos todos los suministros de las carretas tiradas por burros y los llevábamos a la tienda de César.
*Once the tent was in place we would unload all the supplies from the donkey pulled carts and move them into Caesar's tent.*

César tenía todo lo que necesitaba en su tienda: sillas y mesas, además de una gran cama con gruesas badanas para mantenerse caliente.
*Caesar had everything he needed in his tent; chairs and tables as well as a large bed with thick sheepskins to keep him warm.*

Cerca de la inmensa tienda de César, montábamos una tienda más pequeña, donde todos los esclavos

podrían preparar sus comidas y ocuparse de sus necesidades diarias.
*Close by Caesar's huge tent we would set up a smaller tent where all the slaves could cook his meals and attend to his daily needs.*

La tienda de nuestro comandante se erigía siempre lejos de la batalla para evitar amenazas de ataque.
*Our commander's tent was always erected far from the battle to avoid threat of attack.*

Pero ni a una distancia segura se podían enmascarar los sonidos de la guerra.
*But even a safe distance could not mask the sounds of war.*

Mientras reparaba las rasgaduras en las paredes de la tienda, podía oír fácilmente el estruendo de los cascos de los caballos y el mortífero sonido metálico de espadas que se encuentran.
*While repairing tears in the tent walls I could easily hear the thunder of horse's hooves and the deadly clanging of metal as sword met sword.*

La guerra en la Galia duraría más de lo la gente había anticipado.
*The war in Gaul would last longer than anyone expected.*

Desde su inicio hasta su término, duraría casi nueve años.
*From beginning to end it would span almost nine years.*

Empecé a servir a César cuando tenía doce años y continué hasta llegar a la edad adulta.
*My service to Caesar began when I was twelve and continued into adulthood.*

Pero mis años dedicados a ser guarda de tienda terminaron cuando tenía tan sólo diecisiete.
*But my years spent as a tent keeper ended when I was just seventeen.*

En mi decimoséptimo cumpleaños, Julio César me concedió mi libertad, agradecido por mis años de leal servicio.
*On my seventeenth birthday I was granted my freedom by Julius Caesar with thanks for my years of loyal service.*

En seguida, me pidieron continuar sirviendo a César como hombre libre, convirtiéndome en un soldado bajo su mando personal.
*Right away, I was asked to continue serving Caesar as a free man ,by becoming a soldier under his personal command.*

Yo acepté la oferta de servir en el ejército de César con mucho gusto.
*I accepted the offer to serve in Caesar's army gladly.*

Como guarda de tienda, me había tratado justamente.
*As a tent keeper he had treated me fairly.*

Mientras iba creciendo en el puesto, la conversación entre los soldados, cuando hablaban de su líder, era

siempre favorable.
*While growing up on the job the talk among soldiers was always favourable when they spoke of their leader.*

César compartía su riqueza con sus soldados y les pagaba sin retraso.
*Caesar shared his wealth with his soldiers and paid them promptly.*

A los soldados bajo el mando de César se les daba además parcelas de tierra como recompensa al jubilarse.
*Soldiers under Caesar also were given parcels of land as rewards upon retirement.*

"¿Por qué no habría de unirme a las filas?", pensé para mis adentros.
*"Why wouldn't I join the ranks?", I thought to myself.*

"Sería un tonto si no lo hiciese".
*"I would be foolish not to."*

En los años que siguieron, luché junto a César.
*In the years that followed I fought alongside Caesar.*

Con cada batalla ganada, avanzábamos más hacia el interior de la Galia, conquistando un clan tras otro, según nos íbamos moviendo hacia el oeste.
*With every battle won we advanced further into Gaul, conquering one tribe after another as we moved west.*

César se ganó la lealtad de sus soldados.
*Caesar earned his soldier's loyalty.*

35

Cuando mandaba a sus tropas a la batalla, era el propio César quien lideraba el ataque.
*When he commanded his troops in battle it was Caesar himself who led the charge.*

Era feroz en la batalla; ya fuese en su caballo o a pie, César manejaba su espada con gran habilidad.
*He was fierce in battle; whether on his horse or on the ground, Caesar handled his sword with great skill.*

Había nacido para luchar y sus hombres luchaban a su lado por propia voluntad.
*He was born to fight and his men fought willingly by his side.*

No todas nuestras batallas en la Galia fueron victoriosas.
*Our battles in Gaul were not all victories.*

Hubo algunos contratiempos.
*There were some setbacks.*

Justo cuando César pensaba que había conquistado la Galia, estalló una rebelión desde el interior, dirigida por Vercingétorix.
*Just when Caesar thought he had conquered Gaul a revolt erupted from within, led by Vercingetorix.*

El Gran V, como lo llamaba César, resultó ser un digno adversario.
*The Big V, as Caesar would call him, proved to be a worthy opponent.*

¡Esta nueva y persistente molestia para César reunió

rápidamente los clanes galos y derrotó a las tropas de César en las próximas batallas!
*This new thorn in the side of Caesar quickly reunited the Gallic tribes and defeated Caesar's troops in the next few battles!*

Pero César no estaba dispuesto a abandonar los territorios que había conseguido recientemente sin un combate.
*But Caesar wasn't ready to give up his newly acquired territories without a fight.*

En la Batalla de Alesia, César y sus hombres fueron capaces de rodear a Vercingétorix y su guarnición de 80.000 hombres.
*In the Battle of Alesia, Caesar and his men were able to encircle Vercingetorix and his garrison of 80,000 men.*

Su estrategia fue sencilla pero eficaz.
*His strategy was simple yet effective.*

Cavó una serie de zanjas, con torres de vigilancia, alrededor de toda la ciudad.
*He dug a series of trenches,complete with guard towers, around the whole town.*

Al no poder conseguir alimentos o suministros, el Gran V se vio forzado a rendirse.
*Unable to get food or supplies, the Big V was forced to surrender.*

Esta batalla marcó el final de la campaña de la Galia e hizo que César fuese el vencedor final.
*This battle marked the end of the Gaul campaign and*

*made Caesar the final victor.*

Cuando César volvió a Roma, yo le seguí.
*When Caesar returned to Rome I followed.*

Me habían recompensado bien por mi lealtad y yo anhelaba jubilarme de la dura vida militar.
*I had been rewarded nicely for my loyalty and was looking forward to my retirement the hard military life.*

Mientras volvíamos a Roma sobre nuestros pasos, me conmocionó ver la desolación y destrucción ante mí.
*As we retraced our steps back to Rome, I was shocked to see the waste and destruction before me.*

Había participado voluntariamente en todo esto y comenzaba a sentir una tremenda vergüenza y pena.
*I had been a willing participant in all of this and was beginning to feel tremendous shame and regret.*

Mientras continuábamos nuestra travesía hacia casa, César ordenó que la tropa se llevase a los galos de las provincias conquistadas como esclavos, para que fuesen subastados en Roma.
*As we continued our trek home Caesar directed the troops to take Gauls from the conquered provinces as slaves, to be put up for auction in Rome.*

No sólo hombres en buena condición física; también se llevaron a mujeres y niños.
*It wasn't just able bodied men; women and children were taken too.*

Cuando llegamos a Roma, el número de esclavos capturados ascendía a miles.

*By the time we got to Rome the head count of slaves taken, numbered in the thousands.*

Era algo que yo no podía ignorar.

*It was something I couldn't ignore.*

Habiendo yo mismo sido un esclavo en el pasado, me horrorizó, de repente, ver un lado de César que no sabía que existía.

*Being a slave once myself, I was suddenly horrified to see a part of Caesar that I never knew existed.*

Me pregunté a mí mismo, al entrar por las puertas de Roma, qué clase de futuro le esperaba al Gran César.

*I wondered to myself, as I entered the gates of Rome, what kind of future lay ahead for the Great Caesar.*

Ciertamente, creía haber visto a unos cuantos senadores con el ceño fruncido mientras nos dirigíamos a la ciudad.

*Indeed I thought I caught a glimpse of a few frowning senators as we headed into the city.*

Finalmente, ¿cambiarían los ciudadanos romanos, ahora vitoreando tan desenfrenadamente, de opinión sobre este popular líder?

*Would the Roman citizens, cheering so wildly now, eventually change their minds about this popular leader?*

Sólo el tiempo lo diría…

*Only time would tell…*

### Servilia – La Otra Mujer
*Servilia – The Other Woman*

Había dos cosas en la vida de Julio César que tenían una gran importancia para él.
*There were two things in Julius Caesar's life that held great importance to him.*

La primera era un buen combate que acabara con él siendo el único verdadero vencedor, y la segunda era el amor de una buena mujer.
*The first was a good fight that ended with his truly being the only victor and the second was the love of a good woman.*

Como cada romano bien sabía, César disfrutaba de buena parte de ambas cosas.
*As every Roman knew well, Caesar had his share of both.*

Sus conquistas militares eran legendarias, y actualmente se encontraba en su tercer matrimonio.
*His military conquests were legendary and he was currently working on his third marriage.*

Aunque César nunca me convirtió en una esposa, yo había sido alguien que había estado presente en su vida durante dos de estos tres matrimonios.
*While Caesar never made me a wife I was someone who had graced his life through two of these three marriages.*

De hecho, nuestra amistad especial había ya durado casi veinte cinco años.
*In fact, our special friendship had already spanned almost twenty five years.*

En agradecimiento a las cosas buenas que yo ofrecía a César, me dieron una casa grande en Roma con todos los lujos que una persona de mi importancia merecía y esperaba.
*In appreciation for the good things I offered Caesar I was given a large house in Rome with all the trappings a person of my stature deserved and expected.*

"Servilia, tú no eres sólo otra cara bonita", me susurraba al oído.
*"Servilia, you are not just another pretty face," he would whisper in my ear.*

"Mereces todo esto y mucho más".
*"You deserve all of this and much more."*

Yo, por supuesto, estaba sinceramente de acuerdo con todo lo que César decía.
*I, of course, agreed wholeheartedly with everything Caesar said.*

Definitivamente era verdad.
*It was definitely true.*

Yo era más que sólo una cara bonita; era inteligente. ¡César lo sabía y yo lo sabía!

*I was more than just a pretty face; I was smart.*
*Caesar knew it and I knew it!*

Siempre que me encontraba en la compañía de César, flirteaba con él como una colegiala.
*Whenever I was in the company of Caesar I would flirt with him like a schoolgirl.*

Y César siempre respondía como un joven enamorado.
*And Caesar would always respond like a young lovesick boy.*

Tanto, de hecho, que tras volver de su campaña militar en la Galia me trajo una hermosa perla negra como regalo.
*So much, in fact, that after returning from his military campaign in Gaul he brought me a beautiful black pearl as a gift.*

Pensó en mí incluso durante el fragor de la batalla.
*He thought of me even in the heat of battle.*

Puede que su esposa, Calpurnia, recibiese un ceremonioso besito en la mejilla, ¡pero yo recibía piedras preciosas!
*His wife, Calpurnia, might have received a ceremonious peck on the cheek but I got precious stones!*

César, durante los primeros años de mi amistad con él, estaba la mayor parte del tiempo fuera, dirigiendo a sus tropas contra los enemigos de Roma.
*In the early years of my friendship with Caesar he*

*was away most of the time leading his armies against the enemies of Rome.*

Mientras estaba fuera, yo me quedaba con la tarea de criar a mi único hijo.
*While he was gone I was left with the job of raising my only son.*

Al padre de Bruto lo habían matado años atrás.
*Brutus's father had been killed years ago.*

Para cuando César regresó finalmente a Roma, Bruto se había convertido en un hombre bien parecido.
*By the time Caesar made his final return to Rome, Brutus had grown into a handsome man.*

Se había convertido en estadista y, poco después de esto, en un miembro del senado romano.
*He had become a statesman and soon after that, a member of the Roman senate.*

Yo estaba contenta por su éxito y pensé que César quedaría también impresionado con él.
*I was pleased with his success and I thought Caesar would be impressed with him as well.*

Pero resultó que no podría haber estado más equivocada.
*As it turned out, I couldn't have been more wrong.*

Cuando César volvió triunfantemente tras años de guerra, su gusto por el poder continuó en los escenarios políticos de Roma.
*When Caesar returned triumphantly from years of war*

*his taste for power continued in the political arenas of Rome.*

Por respeto y temor, el Senado Romano nombró a César 'dictador a perpetuidad'.
*Out of respect and fear, the Roman Senate named Caesar "dictator in perpetuity".*

Esto significaba que Julio César se quedaría en el poder hasta que muriese.
*This meant that Julius Caesar would remain in power for as long as he lived.*

La idea de que César tuviese el poder durante tanto tiempo nunca llegó a molestarme mucho.
*The idea of Caesar being in power that long never bothered me much.*

Después de todo, él era el auriga estrella y yo su devota animadora.
*After all he was the star charioteer and I was his adoring cheerleader.*

Después de tantos años, seguíamos siendo una pareja perfecta.
*After so many years, we were still a match made in heaven.*

Pero ahora, miembros del Senado hablaban entre sí de que la nueva posición de César amenazaría la posición de ellos, así como el propio Senado.
*But now there was talk among  members of the Senate that Caesar's new position would threaten their position as well as the Senate itself.*

44

Yo estaba al tanto de todas estas conversaciones porque mi hijo Bruto era un senador romano, y mi hermanastro, Cato, era también un miembro electo del Senado.

*I knew of all this talk because my son Brutus was a Roman senator and my half-brother, Cato, was an elected Senate member as well.*

Algunas noches, en la mesa del comedor, cuando los miembros de la familia se reunían, todo lo que oía eran comentarios fuertes y desagradables sobre mi César.

*Some nights at the dining room table, when family members gathered, all I could hear would be loud and nasty remarks about my Caesar.*

Yo me quedaba en silencio durante la mayor parte de estas discusiones.

*I remained silent during most of these discussions.*

Mi familia no estaba enterada sobre mi relación con César y yo no iba ahora a revelar el secreto.

*My family was not aware of my relationship with Caesar and I wasn't about to let the cat out of the bag now.*

Una noche, mientras leía silenciosamente en otra habitación de mi casa, oí a mi hijo Bruto en el salón señorial entreteniendo a lo que parecía ser un gran número de hombres.

*One night, while I was quietly reading in another room of my house, I heard my son Brutus in the great room entertaining what sounded like a large number of other men.*

Reconocí la voz de Cato y algunas otras, pero muchos eran desconocidos para mí.
*I recognised Cato's voice and a few of the others, but many were strangers to me.*

En un momento dado, oí a Bruto gritar:
*At one point, I heard Brutus shouting:*

"¿Y qué pasa si aboliese el Senado y a todos en él?
*"And what if he abolishes the Senate and everyone in it?*

¿Qué será de nosotros, y qué significará esto para las personas libres de Roma?"
*What will become of us and what will this mean to the free people of Rome?"*

Los comentarios de Bruto fueron seguidos por los de otros, y yo escuché sin aliento mientras el grupo de hombres se convertía en una multitud vocinglera y sedienta de sangre.
*Brutus' remarks were followed by others and I listened breathlessly as the crowd of men turned into a loud, blood thirsty mob.*

Su humor era oscuro y yo, de repente, tenía miedo, no sólo por César sino también por mí misma.
*Their mood was dark and I was suddenly afraid, not just for Caesar but for myself as well.*

¿Qué debía hacer?

*What should I do?*

La pregunta continuó asediándome durante los meses que siguieron.
*The question continued to plague me over the next few months.*

¿Debía traicionar a mi familia y hablar con César acerca de lo que oía, o cerrar la boca y mantenerme en silencio?
*Should I betray my family and speak to Caesar about what I was hearing or keep my mouth shut and remain silent?*

Era una decisión difícil, y una con la que César no ayudaba.
*It was a tough decision and one that Caesar wasn't making any easier.*

Él se había vuelto cada vez más insoportable.
*He had become increasingly annoying.*

Yo le había enviado unas cuantas invitaciones recientemente, y él las había rechazado todas.
*I had sent a few invites his way recently and he had turned them all down.*

Fue sólo después de oír a algunos de mis esclavos parlotear en la cocina esta mañana cuando por fin lo comprendí.
*It was only after hearing some of my slaves chattering in the kitchen this morning that I finally understood.*

César me ignoraba porque dirigía sus atenciones en

47

otra dirección.
*Caesar was ignoring me because his attentions were going elsewhere.*

Parecía ser que César se estaba haciendo amigo de ese horroroso tábano, Cleopatra.
*It appeared Caesar was cozying up to that awful sand flea, Cleopatra.*

Los rumores decían que él iba incluso a traerla a Roma y a acomodarla en un apartamento propio.
*Rumour had it he was even bringing her to Rome and setting her up with her own apartment.*

¡Cómo podía haber estado tan ciega!
*How could I have been so blind!*

Las cosas no tenían buena pinta, en absoluto.
*Things didn't look good at all.*

# Los Últimos Días de César
*The Last Days of Caesar*

Como sirvienta predilecta de César, pasaba la mayoría de las noches despierta atendiendo sus llamadas.
*As Caesar's favourite servant I spent most nights awake answering his calls.*

Éste no era un día diferente.
*This day was no different.*

Desde mis aposentos podía oír la campana llamándome a su dormitorio.
*From my chambers I could hear the bell beckoning me to his bedroom.*

Cuando entré en la habitación, pude ver a su esposa, Calpurnia, colocando una capa de abrigo sobre su ropa de dormir.
*When I entered the room I could see his wife Calpurnia pulling a warm cape over her night clothes.*

"Dice que tiene dolor de cabeza", soltó con rabia.
*"He says he has a headache," she barked angrily.*

"Encontraré otra cama donde dormir".
*"I will find another bed to sleep in."*

Ella salió como un torbellino, pasando a mi lado, yo

49

estaba de pie junto a la puerta abierta, aguardando la orden de él.
*She stormed by me as I stood at the open door awaiting his command.*


"Oh, mi querida Caesaris, tráeme algo para el trueno en mi cabeza", gimió César.
*"Oh, my dear Caesaris bring me something for the thunder in my head,"moaned Caesar.*

"Necesito algo rápidamente, antes de que pierda todo el control".
*"I need something quickly before I lose all control."*


Corrí inmediatamente hacia la cocina donde preparé un té caliente con hierbas especiales.
*I immediately scurried down to the kitchen where I made a warm tea from special herbs.*

Había sido un mes difícil para mi amo.
*It had been a trying month for my master.*

Si no era una cosa, era la otra.
*If it wasn't one thing, it was another.*

Acababa de volver a casa tras un corto fin de semana fuera, sofocando otra rebelión en una provincia vecina.
*He had just returned home from a short weekend away, squashing yet another rebellion in a neighbouring province.*

Parecía cansado.
*He looked tired.*

Como si luchar contra los rebeldes no fuese de por sí suficiente, una batalla o dos en la retaguardia estaba haciendo que el invierno de 44 AC fuese más frío de lo normal.

*As if fighting the rebels wasn't already enough, there was a battle or two on the home-front that was making the winter of 44 BC colder than usual.*

Las cosas entre César y su Calpurnia iban cuesta abajo.

*Things between Caesar and his Calpurnia were going downhill.*

Existían rumores sobre otra novia y, claramente, esto a Calpurnia no le hacía ninguna gracia.

*There was talk about another girlfriend and Calpurnia was clearly not amused.*

El ambiente en el trabajo estaba también acalorado.

*The climate at work was heated as well.*

Muchos de los miembros del Senado de Roma estaban claramente descontentos con el liderazgo de César.

*Many of Rome's Senate members were clearly unhappy with Caesar's leadership.*

Le habían dado el poder absoluto para gobernar, pero, de repente, los Senadores dudaban sobre su propia decisión.

*They had given him the sole power to rule but suddenly the Senators were questioning their own decision.*

51

Estaban ahora preocupados de que César aboliese el Senado, dejándolos sin trabajo.

*They were now worried that Caesar might abolish the Senate, leaving them without jobs.*

Yo había trabajado en la casa de César desde que tenía uso de razón.

*I had worked in the house of Caesar for as long as I could remember.*

Ya que era una sirvienta en la casa de César, me habían dado el nombre Caesaris, como era costumbre.

*Because I was a servant in the house of Caesar, I had been given the name Caesaris, as was the custom.*

Una de las sirvientas más mayores, que limpiaba la casa de baño, dijo que me habían traído de vuelta a Roma después de la campaña de la Galia.

*One of the older servants who cleaned the bath house said I had been brought back to Rome after the Gaul campaign.*

Yo no tenía ni idea de quiénes eran mis padres, o de si seguían aún vivos.

*I had no idea who my parents were or whether they were even still alive.*

Uno de los soldados de César me había encontrado, abandonada y escondida, en el bosque.

*I had been found by one of Caesar's soldiers, abandoned and hiding in the forest.*

Me había salvado de una muerte rápida por la gracia de César.
*By the grace of Caesar I had been saved from a quick death.*

La mayoría me trataba como una sirvienta, pero yo sabía que César había encontrado un lugar especial en su gran corazón para mí.
*I was still treated by most as a servant but I knew that Caesar found a special place in his big heart for me.*

Me guardaba mis sentimientos para mí misma cuando estaba en la compañía de las otras sirvientas de la casa, pero cuando estaba a solas con César sentía sólo amor y gratitud.
*I kept my feelings to myself when I was in the company of the other house servants, but when I was alone with Caesar; I felt only love and gratitude.*

Esto era lo más cerca que estaría jamás de tener un padre en mi vida.
*This was the closest I would ever come to having a father in my life.*

César estaba sentado en el sofá cuando volví con su té.
*Caesar was sitting on the sofa when I returned with his tea.*

Lo bebió lentamente y luego habló.
*He drank it slowly and then spoke.*

"Mi Caesaris, te has convertido en una joven

encantadora.
*"My Caesaris, you have grown into a lovely young woman.*

Te deseo sólo lo mejor para tus días venideros. No permitiré que te abandonen otra vez".
*I wish only the best for you in the days ahead. I will not see you abandoned again."*

Las palabras de César pesaban mucho dentro de mí mientras salía calladamente de la habitación.
*Caesar's words weighed heavily on me as I quietly exited the room.*

Mi César casi sonaba como si se estuviese preparando para el peor de los momentos.
*My Caesar almost sounded like he was preparing himself for the worst of times.*

Sabía que César no lo había estado pasando bien recientemente, pero sin duda sus enemigos habrían de reconocer que este comportamiento era erróneo… o eso esperaba.
*I knew Caesar was having a bad time of late, but surely his enemies would see the error of their ways … or so I hoped.*

Después de todo, César había sido bueno para los romanos.
*After all, Caesar had been good for Romans.*

Con miles de sus compatriotas apoyándole, había ganado nuevos territorios, bastante más lejos de las fronteras existentes en Roma.

*With thousands of his countrymen behind him, he had won new territories well beyond the existing borders of Rome.*

Con estas conquistas llegaban grandes riquezas.
*With these conquestscame great riches.*

¡Estaba registrado por escrito que César había conquistado por lo menos ochocientas ciudades!
*It was a matter of writtenrecord that Caesar had conquered at least eight hundred cities!*

Era un gran comandante militar y un estadista aún mejor.
*He was a great military commander and an even better statesman.*

Creó un cuerpo de policía para proteger a su gente, abolió impuestos poco razonables y creó una ley que prohibía la extorsión.
*He created a police force to protect his people, abolished unreasonable taxes and made a law forbidding extortion.*

Incluso produjo el primer periódico de Roma, el Acta Diurna, que registraba las actividades de líderes de gobierno en la Asamblea y el Senado.
*He even produced Rome's first newspaper, the Acta Diuma, which chronicled the activities of government leaders in the Assembly and the Senate.*

Además, creó el calendario Juliano, que reemplazó exitosamente el calendario romano.
*In addition, he created the Julian calendar which successfully replaced the Roman calendar.*

Nada mal, pensé.
*Not too shabby at all, I thought.*

Varias semanas después, todo cambió.
*Several weeks later everything changed.*

Esa funesta mañana en la que oí a Calpurnia llorar en su habitación.
*That fateful morning I heard Calpurnia crying inside her bedroom chamber.*

Le estaba rogando a César que no fuese a trabajar.
*She was begging Caesar not to go to work.*

Calpurnia afirmaba que un sueño la había advertido de que un acontecimiento trágico estaba a punto de ocurrir.
*Calpurnia was claiming a dream had warned her that a tragic event was about to occur.*

César se tomó la advertencia a broma y fue al Senado, pensando que sería otro día normal de trabajo.
*Caesar laughed the warning off and proceeded to the Senate for what he thought would be a normal day of business.*

A media la tarde, la casa de César estaba completamente en silencio.
*By mid-afternoon, the house of Caesar was dead quiet.*

Un mensajero había venido unas horas antes

56

informando a Calpurnia sobre el asesinato de César.
*A messenger had arrived a few hours earlier to inform Calpurnia of the assassination of Caesar.*

César había llegado al Senado aquella mañana y se había encontrado con una muchedumbre de senadores enfadados esperando y pensando asesinarlo.
*Caesar had arrived at the Senate that morning to find a mob of angry senators waiting with murder on their minds.*

Según los informes que llegaron poco a poco más tarde aquel día, había casi sesenta atacadores en el grupo.
*According to reports that trickled in later that day, there were almost sixty attackers in the group.*

¡César había sido apuñalado veinte tres veces!
*Caesar had been stabbed twenty three times!*

Cuando oí la noticia me desplomé en mi cuarto, sollozando.
*When I heard the news I collapsed in my room, sobbing.*

César había muerto.
*Caesar was gone.*

Calpurnia me trataba bastante bien, pero hubo siempre una distancia entre nosotras.
*Calpurnia treated me nicely enough but there was always a distance between us.*

César era diferente.

*Caesar was different.*

Me había tratado sólo con bondad.
*He had treated me only with kindness.*


Después de un mes del asesinato, oí más noticias, esta vez sobre la última voluntad y testamento de César, que me dejaron sorprendida y llena de alegría.
*Within a month of the assassination I heard more news, this time from Caesar's last will and testament, that left me shocked and overjoyed.*

César había dejado instrucciones en su testamento de que me concediesen la libertad tras su muerte.
*Caesar had left instructions in his will that I be freed upon his death.*

Como era la costumbre romana, estaba obligado a proporcionar, a un esclavo liberado, una casa y medios de subsistencia, y esta promesa se mantuvo conmigo.
*As was the Roman custom, he was obliged to provide a freed slave with a house and a means of support and this promise to me was kept.*


Ahora, muchos años después, todavía pienso en César por lo menos una vez cada día.
*Now, many years later, I still think of Caesar at least once every day.*

Sé que César tuvo una hija propia, llamada Julia.
*I know Caesar had a real daughter of his own named Julia.*

Aunque nunca pudiese declarar ser su hija legal, doy gracias a los Dioses diariamente por haberme dado a un hombre que fue *como* un padre; mi benefactor y defensor, el gran Julio César.

*While I could never claim to be his legal offspring, I thank the Gods daily for providing me with a man who was like a father; my benefactor and champion, the great Julius Caesar.*

# SPANISH

# El Joven Julio César

Mi cara sonriente tenía el curioso don de abrirme puertas. Todas las madres de mis amigos pensaban que era el niño más mono y mis buenos modales tampoco venían mal. Cuando llamé golpeando en la gran puerta de madera de la casa de mi colega Julio César, su madre, Aurelia Cota, me acompañó hasta el interior de la casa.

"Bienvenido, Flavio", exclamó con una sonrisa. "Julio es tan afortunado de tener un amigo como tú".

Yo acepté cortésmente sus amables palabras con una inclinación de la cabeza (y una gran sonrisa, por supuesto), luego me dirigí al patio, donde sabía que Julio estaría jugando.

La casa de Julio era bastante grande, en comparación con otras casas romanas. No era la más grande en Roma, en absoluto, pero de todas formas era impresionante. El padre de Julio era Cayo Julio César. Era un magistrado muy conocido y antiguo gobernador de Asia. Aurelia Cota venía además de una de las mejores familias en Roma, por lo que la familia de César no era pobre. Su casa estaba situada en una gran colina, contemplando la ciudad desde lo alto.

Cuando le encontré, Julio se entretenía con un juego de tabas. Este juego se juega utilizando pequeños huesos del tarso de ovejas o cabras. El objetivo del

61

juego es tirar un puñado de tabas al aire y hacer que el mayor número posible de ellas caigan en el dorso de tu mano. Cuantas más tabas se utilicen, mayor dificultad. Como puedes imaginar, no era un juego fácil de jugar, pero Julio parecía estar disfrutando del desafío.

"Oh, Flavio", gritó Julio. "Me alegro tanto de verte. Estaba empezando a volverme loco, al no tener a nadie con quien jugar. Bueno, nadie excepto mi hermana Julia, pero no podía aguantar la idea de volver a jugar con muñecas".

"Ahora podremos jugar a un juego bélico. Tú, Flavio, puedes ser el enemigo de Roma, y yo seré el Gran César. ¡El mejor soldado jamás visto en Roma!"

Estuve a punto de quejarme de ser siempre el enemigo cuando Julio me lanzó una espada de madera de su caja de juguetes; la empuñadura de la espada aterrizó a poca distancia de mis pies. Un segundo después, Julio había sacado ya su propia espada de la caja y se me echaba encima como un toro furioso.

Yo era un chico grande para mis diez años y Julio era mucho más pequeño, pero sabía que si no actuaba rápidamente el Gran César me tendría tirado en el suelo pidiendo clemencia. Me agaché para recoger mi espada rápidamente y bloqueé el primer golpe de César con el filo de mi hoja. Nuestra gran batalla duró por lo menos cinco minutos, con las espadas chocando una contra la otra, hasta que finalmente yo me retiré. Al final, como era de esperar, el Gran César salía victorioso.

"¿Hay algo para comer?", pregunté, frotando mi barriga con hambre.

"Creo que el Gran César puede encontrar un bocado o dos para el derrotado", dijo Julio riéndose. "¿Qué te parece un bol de higos y miel?"

Seguí a César desde el patio hasta la parte trasera de la casa, donde se encontraba la Culina o cocina. Sólo esclavos cocinaban comidas en la cocina de César, pero hoy la pequeña habitación estaba vacía.

"Deben estar en el jardín recogiendo hierbas para la cena de esta noche", dijo Julio. "Parece que tendremos que servirnos nosotros mismos".

Mientras los dos nos encontrábamos ocupados buscando el dulce tarro de miel en la despensa, unas risas conocidas captaron nuestra atención. Detrás de nosotros, entrando en la estancia, se encontraban la hermana de Julio, Julia, y su buena amiga Cornelia.

"Oh, Dios, se trata tan sólo de mi fea hermana", se quejó César.

"Cómo osas dirigirte a mí de tal manera", respondió Julia.

Antes de que Julio pudiese hablar nuevamente, un gran cuchara de madera vino volando por el aire, golpeándole justo en el trasero.

"En la diana", gritó Julia.

César, a su vez, comenzó a perseguir a las chicas alrededor de la cocina, animándome a que me uniese a la batalla. Mientras seguía a Julio, como un buen soldado, me di cuenta de que él gastaba todas sus energías intentando atrapar a Cornelia y no a Julia. Cuando finalmente la alcanzó y la tomó por el brazo, la joven Cornelia objetó.

"No es a mí a quien quieres, Julio".

"No es verdad", dijo César, después de lo cual todos comenzamos a reír tontamente. Cornelia comenzaba además a ruborizarse. Tras esto, ambas chicas corrieron deprisa hacia el interior de la casa, dejándonos a los dos con nuestra miel.

"Otra batalla vencida", le comenté a César mientras comíamos.

"Casi vencida", contestó él. "Pero algún día me casaré con esa chica".

Lo creí, sin duda alguna. Mi amigo Julio no era tan sólo otro chicos común. Había algo en él que era diferente. Con el tiempo se sabría la historia.

---

Cuando Julio tenía sólo quince años de edad, su padre murió, y poco después todo su mundo comenzó a cambiar. Habíamos estado unidos hasta entonces, pero después de la muerte de su padre, nos fuimos distanciando lentamente. Yo estaba ocupado trabajando en la plantación de mi familia, ayudando a cuidar de los viñedos, y Julio empezaba una nueva carrera con el ejército.

Sus hazañas como soldado, y después como

comandante, fueron el tema de conversación en el pueblo. A pesar de su corta edad, Julio se convirtió rápidamente en un gran soldado y, lo que es más importante, en un gran líder.

Había corrido el rumor, en aquellos tiempos, de que iba a casarse, pero, por razones que la gran mayoría desconocía, la boda nunca llegó a celebrarse. Sin embargo, la razón era bastante obvia para mí. Simplemente, ella no era el amor de su vida.

Varios años después, a los dieciocho años, Julio César se casó finalmente. ¡La novia fue la mismísima chica que había perseguido tanto tiempo atrás por la cocina de su padre: Cornelia!

## Secuestrado

El joven Julio César estaba de pie en la proa de la nave romana que transportaba grano y observaba el mar frente a sí. El chico del que había cuidado años atrás, había crecido rápidamente, convirtiéndose en un hombre bien parecido.

Ya que había sido su médico personal, sabía perfectamente que Julio se había convertido en un hombre bien capaz. ¡Pero su madre, una mujer un tanto aprensiva, pensaba que César no podía atarse los cordones de sus sandalias sin una legión de ayudantes a su lado! A mí me habían contratado para hacer de niñera.

La espesa niebla de aquella misma mañana comenzaba en esos instantes a disiparse. Me uní a Julio en la cubierta y ambos observamos calladamente el sol abriéndose camino entre las nubes. Viajaba hacia la isla de Rodas para estudiar filosofía, y su madre me había enviado a mí para estar junto a él en este viaje. Este viaje a Rodas sería para los dos un breve pero agradable descanso de las demandas diarias de una Roma ajetreada.

Julio se acababa de acomodar sobre un pequeño barril de raciones y comenzaba a leer un libro que había sacado del interior de su capa, entonces fue cuando empezó la acción. Yo estaba a punto de dejarle con sus estudios cuando un golpe seco, ruidoso y perturbador, sacudió el barco. Si no hubiese sido por la fuerza y velocidad de Julio, este viejo médico podría haber caído por la borda directo al mar. Farfullé un rápido gracias mientras me estabilizaba sobre ambos pies.

Entonces los dos nos giramos para ver qué había causado semejante ruido y vimos un barco más pequeño, que contaba con una bandera extranjera, aferrándose a la zona este de la popa. ¡Cogidos por sorpresa, nos veíamos de repente en la desagradable compañía de piratas que blandían sus espadas!

Un amigo, que también acompañaba a Julio en este viaje, llegó a la cubierta desde el casco, tambaleándose. Se llamaba Caro y poseía una plantación no muy lejos de la ciudad de Roma. Los tres nos quedamos ahí quietos en silencio, mientras la panda de piratas sicilianos subía al barco transportador de grano.

Supimos inmediatamente que los piratas no estaban interesados en el valioso grano en el casco del navío. Estos piratas, en lugar de dirigir su interés hacia el trigo, lo dirigieron hacia el mismísimo César, y el gran rescate que podrían obtener por su liberación.

Julio era un hombre valiente y valeroso, pero comprendió que los intrusos le sobrepasaban en número. Los piratas sicilianos habían sido un fastidio constante para Roma ya durante años. Sin embargo, eran un problema que las tropas romanas ignoraban a menudo porque traían esclavos y trabajo gratuito a la nobleza romana. Pero ahora, con una afilada espada peligrosamente cerca de la garganta de César, el hábito de ignorar a los piratas pareció ser una práctica deficiente.

El pirata que era claramente el líder se acercó finalmente a Julio. Tenía una malvada sonrisa en el rostro. Supe que era el líder sólo porque era el que más hablaba y porque su barriga era más grande que la de los demás. Era un hombre que, obviamente, disfrutaba más dando órdenes que recibiéndolas.

"Mi querido Julio César, por fin nos encontramos. Me entristece que no pudiese ser en mejores circunstancias, pero los hombres que se dedican al comercio, como yo, necesitamos actuar cuando la oportunidad se presenta".

"Por supuesto", respondió César. "Pero me sorprende, teniendo en cuenta tu gran tamaño, que no hayas hundido este barco, y todo lo que hay en su interior, al embarcaste en él hoy".

El líder de los piratas comenzó a reírse.

"César, sabía que serías de valor para mí, pero nunca imaginé que serías entretenido. No sólo conseguiremos la importante suma de veinte talentos por tu devolución, sino que disfrutaremos además de un par de chistes".

"¿Veinte talentos?", gritó César con rabia. "¿A quién piensas que estás secuestrando? Yo valgo dos veces esa suma. ¡Te garantizo cincuenta talentos por mi liberación!"

Los piratas, que andaban siempre buscando transacciones favorables, aceptaron la oferta de César inmediatamente y sin discusión. Entonces, los piratas nos hicieron salir a César y a mí del barco transportador de grano y nos subieron al barco pirata. A Caro lo dejaron atrás. Era tarea suya viajar a la ciudad más cercana y recaudar el rescate.

Durante los siguientes treinta ocho días, Julio y yo permanecimos en cautiverio en el barco de los piratas. Con el paso de los días, me sorprendía presenciar la rapidez con la que César se iba haciendo amigo de sus secuestradores. Se pasaba todo el tiempo contando chistes y haciéndoles reír. Les leyó poesía y recitó discursos. Si alguien criticaba sus actuaciones, él respondía llamándolos salvajes y amenazaba con colgarlos a todos como castigo. Los piratas, por otro lado, veían la lengua de César como algo divertido, considerando que él era más sencillo que inteligente.

Después de treinta ocho días, Caro regresó, el rescate fue pagado y nos devolvieron nuestra libertad. Para mi sorpresa, en lugar de proseguir su viaje hacia Rodas, César fue a Mileto, donde contrató navíos y hombres para perseguir a los piratas.

Mientras tanto, en el barco pirata, el pirata gordo y su tripulación habían olvidado ya al joven César. Estaban ocupados celebrando su victoria cuando, de repente, un golpe seco, ruidoso y perturbador, sacudió el barco. El pirata gordo y su bolsa con el dinero del rescate salieron volando por los aires, chocando contra una pared y cayendo al suelo.

Cuando corrió hacia la cubierta para ver a qué se debía todo aquel alboroto, le horrorizó ver que un gran navío de guerra romano había embestido contra el flanco de su barco. ¡Cómo se habían vuelto las tornas de repente! De pie ante él se hallaba César, que agitaba su espada en el aire furiosamente, con cien soldados romanos a sus espaldas. Una corta batalla tuvo lugar y todos los piratas fueron capturados.

César fue un hombre de palabra. Como había prometido, se ejecutó a todos y cada uno de los piratas. Él, por otro lado, se salvó de la batalla con sólo un rasguño. Mientras yo vendaba su pequeña herida, César miró desde arriba a su viejo médico. Agarrando firmemente una bolsa con monedas, habló:

"Te dije que valía cincuenta talentos".

¡César, pensé para mis adentros, había sido el último en reírse!

## Macresco

Yo tenía apenas doce años cuando me enviaron a trabajar como esclavo con los guardas de tienda de campaña en la operación militar de Julio César en la Galia. El nombre que me dieron los romanos fue Macresco, que en latín significa flaco. Cuando conocí a mi amo, el gran César, por primera vez, dijo: "¡Eres tan flaco que cuando te giras hacia un lado desapareces!" Mi constitución pequeña y delgada divertía a algunas personas, pero yo siempre conseguía cumplir con las tareas.

Julio César era muy amable conmigo y valoraba el trabajo que yo realizaba. "Eres un chico que trabaja duro considerando el tamaño que tienes", decía."Cuando tengas más carne en los huesos y unos cuantos años más a tus espaldas, tendremos un gran soldado en nuestras filas".

Mi trabajo como guarda de tienda implicaba montar y desmontar la tienda de campaña de César cuando éste se hallaba en el campo de batalla. Era una tienda grande, casi tan grande como la típica casa romana. Necesitábamos ser por lo menos una docena de hombres para colocar las robustas varas en el suelo.

Entonces poníamos, sobre la parte superior de las varas, secciones grandes de cuero de cabra o becerro y las anclábamos al suelo con estacas de madera gruesas. A pesar del duro trabajo, nos reímos

71

frecuentemente y nos gustaba bromear diciendo: "Este trabajo es tan duro, es para aquel que entienda... entienda... ¿lo pillas?" Aparentemente, no costaba mucho hacernos reír.

Una vez que la tienda de campaña estaba en su lugar, descargábamos todos los suministros de las carretas tiradas por burros y los llevábamos a la tienda de César. César tenía todo lo que necesitaba en su tienda: sillas y mesas, además de una gran cama con gruesas badanas para mantenerse caliente. Cerca de la inmensa tienda de César, montábamos una tienda más pequeña, donde todos los esclavos podrían preparar sus comidas y ocuparse de sus necesidades diarias.

La tienda de nuestro comandante se erigía siempre lejos de la batalla para evitar amenazas de ataque. Pero ni a una distancia segura se podían enmascarar los sonidos de la guerra. Mientras reparaba las rasgaduras en las paredes de la tienda, podía oír fácilmente el estruendo de los cascos de los caballos y el mortífero sonido metálico de espadas que se encuentran.

La guerra en la Galia duraría más de lo la gente había anticipado. Desde su inicio hasta su término, duraría casi nueve años. Empecé a servir a César cuando tenía doce años y continué hasta llegar a la edad adulta. Pero mis años dedicados a ser guarda de tienda terminaron cuando tenía tan sólo diecisiete.

En mi decimoséptimo cumpleaños, Julio César me concedió mi libertad, agradecido por mis años de leal servicio. En seguida, me pidieron continuar sirviendo a César como hombre libre, convirtiéndome en un soldado bajo su mando personal.

Yo acepté la oferta de servir en el ejército de César con mucho gusto. Como guarda de tienda, me había tratado justamente. Mientras iba creciendo en el puesto, la conversación entre los soldados, cuando hablaban de su líder, era siempre favorable. César compartía su riqueza con sus soldados y les pagaba sin retraso. A los soldados bajo el mando de César se les daba además parcelas de tierra como recompensa al jubilarse.

"¿Por qué no habría de unirme a las filas?", pensé para mis adentros. "Sería un tonto si no lo hiciese".

En los años que siguieron, luché junto a César. Con cada batalla ganada, avanzábamos más hacia el interior de la Galia, conquistando un clan tras otro, según nos íbamos moviendo hacia el oeste. César se ganó la lealtad de sus soldados. Cuando mandaba a sus tropas a la batalla, era el propio César quien lideraba el ataque. Era feroz en la batalla; ya fuese en su caballo o a pie, César manejaba su espada con gran habilidad. Había nacido para luchar y sus hombres luchaban a su lado por propia voluntad.

No todas nuestras batallas en la Galia fueron victoriosas. Hubo algunos contratiempos. Justo cuando César pensaba que había conquistado la Galia, estalló una rebelión desde el interior, dirigida por Vercingétorix. El Gran V, como lo llamaba César, resultó ser un digno adversario. ¡Esta nueva y persistente molestia para César reunió rápidamente los clanes galos y derrotó a las tropas de César en las próximas batallas!

Pero César no estaba dispuesto a abandonar los territorios que había conseguido recientemente sin un combate. En la Batalla de Alesia, César y sus hombres fueron capaces de rodear a Vercingétorix y su guarnición de 80.000 hombres. Su estrategia fue sencilla pero eficaz. Cavó una serie de zanjas, con torres de vigilancia, alrededor de toda la ciudad. Al no poder conseguir alimentos o suministros, el Gran V se vio forzado a rendirse. Esta batalla marcó el final de la campaña de la Galia e hizo que César fuese el vencedor final.

Cuando César volvió a Roma, yo le seguí. Me habían recompensado bien por mi lealtad y yo anhelaba jubilarme de la dura vida militar. Mientras volvíamos a Roma sobre nuestros pasos, me conmocionó ver la desolación y destrucción ante mí. Había participado voluntariamente en todo esto y comenzaba a sentir una tremenda vergüenza y pena.

Mientras continuábamos nuestra travesía hacia casa, César ordenó que la tropa se llevase a los galos de las provincias conquistadas como esclavos, para que fuesen subastados en Roma. No sólo hombres en buena condición física; también se llevaron a mujeres y niños. Cuando llegamos a Roma, el número de esclavos capturados ascendía a miles.

Era algo que yo no podía ignorar. Habiendo yo mismo sido un esclavo en el pasado, me horrorizó, de repente, ver un lado de César que no sabía que existía. Me pregunté a mí mismo, al entrar por las puertas de Roma, qué clase de futuro le esperaba al Gran César. Ciertamente, creía haber visto a unos cuantos senadores con el ceño fruncido mientras nos dirigíamos a la ciudad. Finalmente, ¿cambiarían los ciudadanos romanos, ahora vitoreando tan desenfrenadamente, de opinión sobre este popular líder? Sólo el tiempo lo diría…

## Servilia – La Otra Mujer

Había dos cosas en la vida de Julio César que tenían una gran importancia para él. La primera era un buen combate que acabara con él siendo el único verdadero vencedor, y la segunda era el amor de una buena mujer.

Como cada romano bien sabía, César disfrutaba de buena parte de ambas cosas. Sus conquistas militares eran legendarias, y actualmente se encontraba en su tercer matrimonio. Aunque César nunca me convirtió en una esposa, yo había sido alguien que había estado presente en su vida durante dos de estos tres matrimonios. De hecho, nuestra amistad especial había ya durado casi veinte cinco años.

En agradecimiento a las cosas buenas que yo ofrecía a César, me dieron una casa grande en Roma con todos los lujos que una persona de mi importancia merecía y esperaba.

"Servilia, tú no eres sólo otra cara bonita", me susurraba al oído. "Mereces todo esto y mucho más".

Yo, por supuesto, estaba sinceramente de acuerdo con todo lo que César decía. Definitivamente era verdad. Yo era más que sólo una cara bonita; era inteligente. ¡César lo sabía *y* yo lo sabía!

Siempre que me encontraba en la compañía de

César, flirteaba con él como una colegiala. Y César siempre respondía como un joven enamorado. Tanto, de hecho, que tras volver de su campaña militar en la Galia me trajo una hermosa perla negra como regalo. Pensó en mí incluso durante el fragor de la batalla. Puede que su esposa, Calpurnia, recibiese un ceremonioso besito en la mejilla, ¡pero yo recibía piedras preciosas!

César, durante los primeros años de mi amistad con él, estaba la mayor parte del tiempo fuera, dirigiendo a sus tropas contra los enemigos de Roma. Mientras estaba fuera, yo me quedaba con la tarea de criar a mi único hijo. Al padre de Bruto lo habían matado años atrás.

Para cuando César regresó finalmente a Roma, Bruto se había convertido en un hombre bien parecido. Se había convertido en estadista y, poco después de esto, en un miembro del senado romano. Yo estaba contenta por su éxito y pensé que César quedaría también impresionado con él. Pero resultó que no podría haber estado más equivocada.

Cuando César volvió triunfantemente tras años de guerra, su gusto por el poder continuó en los escenarios políticos de Roma. Por respeto y temor, el Senado Romano nombró a César 'dictador a perpetuidad'.

Esto significaba que Julio César se quedaría en el poder hasta que muriese. La idea de que César tuviese el poder durante tanto tiempo nunca llegó a molestarme mucho. Después de todo, él era el auriga estrella y yo su devota animadora. Después de tantos años, seguíamos siendo una pareja perfecta.

Pero ahora, miembros del Senado hablaban entre sí de que la nueva posición de César amenazaría la posición de ellos, así como el propio Senado. Yo estaba al tanto de todas estas conversaciones porque mi hijo Bruto era un senador romano, y mi hermanastro, Cato, era también un miembro electo del Senado.

Algunas noches, en la mesa del comedor, cuando los miembros de la familia se reunían, todo lo que oía eran comentarios fuertes y desagradables sobre mi César. Yo me quedaba en silencio durante la mayor parte de estas discusiones. Mi familia no estaba enterada sobre mi relación con César y yo no iba ahora a revelar el secreto.

Una noche, mientras leía silenciosamente en otra habitación de mi casa, oí a mi hijo Bruto en el salón señorial entreteniendo a lo que parecía ser un gran número de hombres. Reconocí la voz de Cato y algunas otras, pero muchos eran desconocidos para mí. En un momento dado, oí a Bruto gritar:

"¿Y qué pasa si aboliese el Senado y a todos en él? ¿Qué será de nosotros, y qué significará esto para las personas libres de Roma?"

Los comentarios de Bruto fueron seguidos por los de otros, y yo escuché sin aliento mientras el grupo de hombres se convertía en una multitud vocinglera y sedienta de sangre. Su humor era oscuro y yo, de repente, tenía miedo, no sólo por César sino también por mí misma.

¿Qué debía hacer? La pregunta continuó

asediándome durante los meses que siguieron. ¿Debía traicionar a mi familia y hablar con César acerca de lo que oía, o cerrar la boca y mantenerme en silencio?

Era una decisión difícil, y una con la que César no ayudaba. Él se había vuelto cada vez más insoportable. Yo le había enviado unas cuantas invitaciones recientemente, y él las había rechazado todas.

Fue sólo después de oír a algunos de mis esclavos parlotear en la cocina esta mañana cuando por fin lo comprendí. César me ignoraba porque dirigía sus atenciones en otra dirección. Parecía ser que César se estaba haciendo amigo de ese horroroso tábano, Cleopatra. Los rumores decían que él iba incluso a traerla a Roma y a acomodarla en un apartamento propio. ¡Cómo podía haber estado tan ciega!

Las cosas no tenían buena pinta, en absoluto.

# Los Últimos Días de César

Como sirvienta predilecta de César, pasaba la mayoría de las noches despierta atendiendo sus llamadas. Éste no era un día diferente. Desde mis aposentos podía oír la campana llamándome a su dormitorio. Cuando entré en la habitación, pude ver a su esposa, Calpurnia, colocando una capa de abrigo sobre su ropa de dormir.

"Dice que tiene dolor de cabeza", soltó con rabia. "Encontraré otra cama donde dormir". Ella salió como un torbellino, pasando a mi lado, yo estaba de pie junto a la puerta abierta, aguardando la orden de él.

"Oh, mi querida Caesaris, tráeme algo para el trueno en mi cabeza", gimió César. "Necesito algo rápidamente, antes de que pierda todo el control".

Corrí inmediatamente hacia la cocina donde preparé un té caliente con hierbas especiales. Había sido un mes difícil para mi amo. Si no era una cosa, era la otra. Acababa de volver a casa tras un corto fin de semana fuera, sofocando otra rebelión en una provincia vecina. Parecía cansado.

Como si luchar contra los rebeldes no fuese de por sí suficiente, una batalla o dos en la retaguardia estaba haciendo que el invierno de 44 AC fuese más frío de lo normal. Las cosas entre César y su Calpurnia iban cuesta abajo. Existían rumores sobre otra novia y, claramente, esto a Calpurnia no le hacía ninguna gracia.

El ambiente en el trabajo estaba también acalorado. Muchos de los miembros del Senado de Roma estaban claramente descontentos con el liderazgo de César. Le habían dado el poder absoluto para gobernar, pero, de repente, los Senadores dudaban sobre su propia decisión. Estaban ahora preocupados de que César aboliese el Senado, dejándolos sin trabajo.

Yo había trabajado en la casa de César desde que tenía uso de razón. Ya que era una sirvienta en la casa de César, me habían dado el nombre Caesaris, como era costumbre. Una de las sirvientas más mayores, que limpiaba la casa de baño, dijo que me habían traído de vuelta a Roma después de la campaña de la Galia.

Yo no tenía ni idea de quiénes eran mis padres, o de si seguían aún vivos. Uno de los soldados de César me había encontrado, abandonada y escondida, en el bosque. Me había salvado de una muerte rápida por la gracia de César.

La mayoría me trataba como una sirvienta, pero yo sabía que César había encontrado un lugar especial en su gran corazón para mí. Me guardaba mis sentimientos para mí misma cuando estaba en la compañía de las otras sirvientas de la casa, pero cuando estaba a solas con César sentía sólo amor y gratitud. Esto era lo más cerca que estaría jamás de tener un padre en mi vida.

César estaba sentado en el sofá cuando volví con su té. Lo bebió lentamente y luego habló."Mi Caesaris, te has convertido en una joven encantadora. Te deseo sólo lo mejor para tus días venideros. No permitiré que te abandonen otra vez".

Las palabras de César pesaban mucho dentro de mí mientras salía calladamente de la habitación. Mi César casi sonaba como si se estuviese preparando para el peor de los momentos. Sabía que César no lo había estado pasando bien recientemente, pero sin duda sus enemigos habrían de reconocer que este comportamiento era erróneo... o eso esperaba.

Después de todo, César había sido bueno para los romanos. Con miles de sus compatriotas apoyándole, había ganado nuevos territorios, bastante más lejos de las fronteras existentes en Roma. Con estas conquistas llegaban grandes riquezas. ¡Estaba registrado por escrito que César había conquistado por lo menos ochocientas ciudades! Era un gran comandante militar y un estadista aún mejor.

Creó un cuerpo de policía para proteger a su gente, abolió impuestos poco razonables y creó una ley que prohibía la extorsión. Incluso produjo el primer periódico de Roma, el Acta Diurna, que registraba las actividades de líderes de gobierno en la Asamblea y el Senado. Además, creó el calendario Juliano, que reemplazó exitosamente el calendario romano. Nada mal, pensé.

Varias semanas después, todo cambió. Esa funesta mañana en la que oí a Calpurnia llorar en su habitación. Le estaba rogando a César que no fuese a trabajar. Calpurnia afirmaba que un sueño la había advertido de que un acontecimiento trágico estaba a punto de ocurrir. César se tomó la advertencia a broma y fue al Senado, pensando que sería otro día normal de trabajo.

A media la tarde, la casa de César estaba completamente en silencio. Un mensajero había venido unas horas antes informando a Calpurnia sobre el asesinato de César. César había llegado al Senado aquella mañana y se había encontrado con una muchedumbre de senadores enfadados esperando y pensando asesinarlo. Según los informes que llegaron poco a poco más tarde aquel día, había casi sesenta atacadores en el grupo. ¡César había sido apuñalado veinte tres veces!

Cuando oí la noticia me desplomé en mi cuarto, sollozando. César había muerto. Calpurnia me trataba bastante bien, pero hubo siempre una distancia entre nosotras. César era diferente. Me había tratado sólo con bondad.

Después de un mes del asesinato, oí más noticias, esta vez sobre la última voluntad y testamento de César, que me dejaron sorprendida y llena de alegría. César había dejado instrucciones en su testamento de que me concediesen la libertad tras su muerte. Como era la costumbre romana, estaba obligado a proporcionar, a un esclavo liberado, una casa y medios de subsistencia, y esta promesa se mantuvo conmigo.

Ahora, muchos años después, todavía pienso en César por lo menos una vez cada día. Sé que César tuvo una hija propia, llamada Julia. Aunque nunca pudiese declarar ser su hija legal, doy gracias a los Dioses diariamente por haberme dado a un hombre que fue *como* un padre; mi benefactor y defensor, el gran Julio César.

# ENGLISH

# The Young Julius Caesar

My smiling face had a funny way of opening doors for me. All the mothers of my friends thought I was just the cutest young boy and my good manners didn't hurt either. When I knocked on the large wooden door at the home of my buddy Julius Caesar, his mother Aurelia Cotta ushered me into the house.

"Welcome Flavio," she exclaimed with a grin. "Julius is so blessed to have a friend like you."

I graciously accepted her kind words with a nod of my head (and a big smile of course) then headed for the courtyard, where I knew Julius would be playing.

Julius's house was pretty big as Roman houses go. Not the largest in Rome, by any means, but impressive just the same. Julius's father was Gaius Julius Caesar. He was a well-known magistrate and former governor of Asia. Aurelia Cotta was also from one of the better families in Rome so Caesar's family was not poor. Their house sat on a large hill overlooking the city below.

When I found Julius he was amusing himself with a game of knucklebones. The game is played using the small knuckle bones of sheep or goats. The object of the game is to throw a handful of knuckles into the air and have as many of them as possible land on the back of your hand. The more knuckles you used the more difficult. As you might imagine, it wasn't an easy game to play but Julius seemed to be enjoying the challenge.

"Oh Flavio," yelled Julius. "I am so glad to see you. I was beginning to go crazy having no one to play with. Well, no one but my sister Julia and the thought of playing with dolls again was just too much for me to endure."

"Now we can play a game of war. You Flavio can be the enemy of Rome and I will be the Great Caesar. The finest soldier Rome has ever seen!"

I was just about to complain about always being the enemy when Julius tossed me a wooden sword from his toy box; the handle of the blade landed inches from my feet. As the next second passed, Julius had already pulled his own sword from the box and was charging me like a raging bull.

I was a big boy for ten and Julius was much smaller but I knew if I didn't act quickly the Great Caesar would have be on my back begging for mercy. I bent over quickly to pick up my sword and deflected Caesar's first blow with the edge of my blade. Our big battle lasted for at least five minutes with swords crashing into one another until I finally retreated. In the end, as expected, the Great Caesar remained victorious.

"Is there anything to eat," I asked, rubbing my stomach with hunger.

"I think the Great Caesar can find a morsel or two for the defeated, said Julius laughing. How does a bowl of figs and honey sound?"

I followed Caesar from the courtyard to the back of the house where the Culina or kitchen was located. In Caesar's kitchen only slaves cooked meals but today the small room was empty.

"They must be in the garden collecting herbs for tonight's meal," said Julius. "We will have to help ourselves it seems."

While the two of us were busy looking in the pantry for the sweet pot of honey some familiar laughter caught our attention. Behind us just entering the room was Julius's sister Julia and her good friend Cornelia.

"Oh God, it's just my ugly sister," Caesar complained.

"How dare you address me in such a manner," Julia responded.

Before Julius could speak again a large wooden stirring spoon came flying through the air, hitting him directly on his backside.

"Bull's-eye," Julia shouted.

Caesar, in turn, started chasing the girls around the kitchen encouraging me to join the battle. As I followed Julius like a good soldier I noticed he was spending all of his energy trying to catch Cornelia and not Julia. When he finally caught up with her and took her by the arm, the young Cornelia objected.

"It's not me that you want Julius."

"Not true," Caesar said, whereupon everyone began

to giggle and laugh. Cornelia was also beginning to blush. With that both girls scampered off into the house leaving the two of us to our honey.

"Another battle won," I commented to Caesar as we ate.

"Almost won," he replied. "But I will marry that girl one day."

I believed him without a doubt. My friend Julius was not just another ordinary boy. There was something about him that was different. Time would tell the tale.

---

When Julius was only fifteen years of age his father died and soon after his whole world began to change. We had been close up until then but after his father's death we slowly grew apart. I was busy working on my family's plantation helping tend the vineyards and Julius was beginning a new career with the army.

His exploits as a soldier and then as a commander were the talk of the town. Despite his young age Julius quickly became a great soldier and more importantly, a great leader.

There had been a rumour in those early days that he was to marry but, for reasons unknown to most, the marriage never occurred. However, the reason was quite clear to me. She simply wasn't his true love.

Several years later at the age of eighteen Julius Caesar finally did marry. The bride was the very same girl he had chased so long ago in his father's kitchen; Cornelia!

# Kidnapped

The young Julius Caesar stood at the bow of the roman grain ship and looked out at the sea before him. The boy I cared for years ago had grown quickly into a very handsome man.

As his personal physician I knew all too well how capable a man Julius had become. But his mother, a bit of a worry wart, had the idea that Caesar couldn't tie the laces of his sandals without a legion of helpers at his side! I was hired to babysit.

The heavy fog from earlier that morning was just beginning to lift. I joined Julius on the deck and we both quietly watched the sun break through the clouds. He was on his way to the island of Rhodes to study philosophy and I had been sent with him on this journey by his mother. This trip to Rhodes would be a short but welcome retreat from the daily demands of a busy Rome for both of us.

Julius had just settled down on a small keg of rations and was starting to read a book he had pulled out from under his cloak and that's when the action began. I was about to leave him to his studies when a loud and disturbing thud shook the ship. If it hadn't been for Julius's strength and speed this old doctor might have been thrown right over the side of the ship and into the sea. I mumbled a quick thank you as he steadied me on my feet.

Then we both turned to see what had caused such a loud noise and saw a smaller ship boasting a foreign flag hugging the east side of the stern. Caught by surprise, we were suddenly in the unwelcome company of sword wielding pirates!

A friend, who was also accompanying Julius on this trip, staggered to the deck from the hull below. His name was Caro and he owned a plantation not far from the city of Rome. The three of us stood frozen in silence as the band of Cilician pirates boarded the grain ship.

We knew immediately that the pirates were not interested in the valuable grain in the hull of the ship. Instead of wheat these pirates directed their interest to Caesar himself and the sizeable ransom they could get for his release.

Julius was a brave and courageous man but he understood he was outnumbered by the intruders. The Cilician pirates had been a thorn in the side of Rome for years now. However, they were a problem the Roman armies often ignored because they brought the Roman nobility slaves and free labour. But now, with a sharp sword held dangerously close to Caesar's throat, the habit of ignoring the pirates seemed a poor practice.

The pirate who was clearly the leader eventually approached Julius. He had a wicked smile on his face. I knew he was the leader only because he talked the most and carried a belly bigger than the rest. He was a man who clearly enjoyed giving orders more than taking them.

"My dear Julius Caesar, we finally meet. I am sad it could not be under better circumstances but men of commerce, like myself, need to strike when the opportunity presents itself."

"Of course", Caesar responded. "But I am surprised considering your great size that you didn't sink this ship and all on it when you boarded her today."

The leader of the pirates began to laugh.

"Caesar, I knew you would be valuable to me but I never imagined you would be entertaining. Not only will we earn a hefty sum of twenty talents for your return but we will enjoy a joke or two as well."

"Twenty talents, Caesar shouted angrily. Who do you think you are kidnapping, anyway? I am worth twice that much. I will guarantee you fifty talents for my release!"

The pirates who were always in search of a good deal accepted the offer from Caesar right away and without argument. The pirates then took Caesar and I off the grain ship and onto the pirate ship. Caro was left behind. It was his job to travel on to the closest city and raise the ransom.

For the next thirty eight days Julius and I were held captive on the pirate's ship. As the days passed I was surprised to see how quickly Caesar made friends with his kidnappers. He would spend all of his time telling jokes and making them laugh. . He read them poetry and recited speeches. If anyone criticised his performances he would respond by calling them savages and threatened to hang them all as punishment. The pirates, on the other hand, viewed Caesar's tongue with amusement thinking him more simple than wise.

After thirty eight days Caro returned, the ransom was paid and we were given our freedom. Much to my surprise, instead of continuing his trip to Rhodes, Caesar proceeded to Miletus where he hired ships and men to give chase to the pirates.

Meanwhile, back on the pirate ship, the fat pirate and his crew had already forgotten about the young Caesar. They were busy celebrating their victory when suddenly a loud and disturbing thud shook the ship. The fat pirate and his bag of ransom money went flying through the air, crashing into a wall and falling to the floor.

When he rushed up onto the deck to see what all the commotion was about he was horrified to see a big Roman warship had rammed the side of his vessel. The tables had suddenly turned! Standing before him was Caesar waving his sword angrily in the air with a hundred Roman soldiers behind him. A short battle took place and all the pirates were captured.

Caesar had been a man of his word. As promised, each and every one of the pirates was put to death. Caesar, on the other hand, escaped the battle with no more than a scratch. While I was bandaging his small wound, Caesar looked down at his old doctor. Holding tightly to a bag of coins he spoke,

"I told you that I was worth fifty talents."

Caesar, I thought to myself, had just had the last laugh!

# Macresco

I was barely twelve years old when they sent me to work as a slave with the tent keepers on Julius Caesar's military campaign in Gaul. The name given to me by the Romans was Macresco, which is Latin for skinny. When I first met my master, the great Caesar, he said "You're so skinny when you turn sideways you disappear!" My small thin frame was amusing to some, but I always managed to get the job done.

Julius Caesar was very kind to me and valued the work I provided. "You are a hard working boy for your size", he would say. "When we put some meat on your bones and you get a few more years under your belt we will have a fine soldier in our ranks."

My job as a tent keeper involved putting up and taking down Caesar's tent when he was out on the battlefield. It was a large tent, almost as big as the average Roman home. It took at least a dozen of us to set the sturdy poles into the ground.

We would then pull large sections of goat or calf hide over the tops of the poles and anchor them to the ground with thick wooden stakes. Despite the hard work we often laughed and liked to crack jokes saying, "this work is so hard and intense … in tents … get it?" Apparently it didn't take much to make us laugh.

Once the tent was in place we would unload all the supplies from the donkey pulled carts and move them into Caesar's tent. Caesar had everything he needed in his tent; chairs and tables as well as a large bed with thick sheepskins to keep him warm. Close by Caesar's huge tent we would set up a smaller tent where all the slaves could cook his meals and attend to his daily needs.

Our commander's tent was always erected far from the battle to avoid threat of attack. But even a safe distance could not mask the sounds of war. While repairing tears in the tent walls I could easily hear the thunder of horse's hooves and the deadly clanging of metal as sword met sword.

The war in Gaul would last longer than anyone expected. From beginning to end it would span almost nine years. My service to Caesar began when I was twelve and continued into adulthood. But my years spent as a tent keeper ended when I was just seventeen.

On my seventeenth birthday I was granted my freedom by Julius Caesar with thanks for my years of loyal service. Right away, I was asked to continue serving Caesar as a free man ,by becoming a soldier under his personal command.

I accepted the offer to serve in Caesar's army gladly. As a tent keeper he had treated me fairly. While growing up on the job the talk among soldiers was always favourable when they spoke of their leader. Caesar shared his wealth with his soldiers and paid them promptly. Soldiers under Caesar also were given parcels of land as rewards upon retirement.

"Why wouldn't I join the ranks?", I thought to myself. "I would be foolish not to."

In the years that followed I fought alongside Caesar. With every battle won we advanced further into Gaul, conquering one tribe after another as we moved west. Caesar earned his soldier's loyalty. When he commanded his troops in battle it was Caesar himself who led the charge. He was fierce in battle; whether on his horse or on the ground, Caesar handled his sword with great skill. He was born to fight and his men fought willingly by his side.

Our battles in Gaul were not all victories. There were some setbacks. Just when Caesar thought he had conquered Gaul a revolt erupted from within, led by Vercingetorix. The Big V, as Caesar would call him, proved to be a worthy opponent. This new thorn in the side of Caesar quickly reunited the Gallic tribes and defeated Caesar's troops in the next few battles!

But Caesar wasn't ready to give up his newly acquired territories without a fight. In the Battle of Alesia, Caesar and his men were able to encircle Vercingetorix and his garrison of 80,000 men. His strategy was simple yet effective. He dug a series of trenches, complete with guard towers, around the whole town. Unable to get food or supplies, the Big V was forced to surrender. This battle marked the end of the Gaul campaign and made Caesar the final victor.

When Caesar returned to Rome I followed. I had been rewarded nicely for my loyalty and was looking forward to my retirement the hard military life. As we retraced our steps back to Rome, I was shocked to see the waste and destruction before me. I had been a willing participant in all of this and was beginning to feel tremendous shame and regret.

As we continued our trek home Caesar directed the troops to take Gauls from the conquered provinces as slaves, to be put up for auction in Rome. It wasn't just able bodied men; women and children were taken too. By the time we got to Rome the head count of slaves taken, numbered in the thousands.

It was something I couldn't ignore. Being a slave once myself, I was suddenly horrified to see a part of Caesar that I never knew existed. I wondered to myself, as I entered the gates of Rome, what kind of future lay ahead for the Great Caesar. Indeed I thought I caught a glimpse of a few frowning senators as we headed into the city. Would the Roman citizens, cheering so wildly now, eventually change their minds about this popular leader? Only time would tell …

## Servilia – The Other Woman

There were two things in Julius Caesar's life that held great importance to him. The first was a good fight that ended with his truly being the only victor and the second was the love of a good woman.

As every Roman knew well, Caesar had his share of both. His military conquests were legendary and he was currently working on his third marriage. While Caesar never made me a wife I was someone who had graced his life through two of these three marriages. In fact, our special friendship had already spanned almost twenty five years.

In appreciation for the good things I offered Caesar I was given a large house in Rome with all the trappings a person of my stature deserved and expected.

"Servilia, you are not just another pretty face," he would whisper in my ear. "You deserve all of this and much more."

I, of course, agreed wholeheartedly with everything Caesar said. It was definitely true. I was more than just a pretty face; I was smart. Caesar knew it and I knew it!

Whenever I was in the company of Caesar I would flirt with him like a schoolgirl. And Caesar would always respond like a young lovesick boy. So much, in fact, that after returning from his military campaign in Gaul he brought me a beautiful black pearl as a gift. He thought of me even in the heat of battle. His wife, Calpurnia, might have received a ceremonious peck on the cheek but I got precious stones!

In the early years of my friendship with Caesar he was away most of the time leading his armies against the enemies of Rome. While he was gone I was left with the job of raising my only son. Brutus's father had been killed years ago.

By the time Caesar made his final return to Rome, Brutus had grown into a handsome man. He had become a statesman and soon after that, a member of the Roman senate. I was pleased with his success and I thought Caesar would be impressed with him as well. As it turned out,  I couldn't have been more wrong.

When Caesar returned triumphantly from years of war his taste for power continued in the political arenas of Rome. Out of respect and fear, the Roman Senate named Caesar "dictator in perpetuity".

This meant that Julius Caesar would remain in power for as long as he lived. The idea of Caesar being in power that long never bothered me much. After all he was the star charioteer and I was his adoring cheerleader. After so many years, we were still a match made in heaven.

But now there was talk among  members of the Senate that Caesar's new position would threaten their position as well as the Senate itself. I knew of all this talk because my son Brutus was a Roman senator and my half-brother, Cato, was an elected Senate member as well.

Some nights at the dining room table, when family members gathered, all I could hear would be loud and nasty remarks about my Caesar. I remained silent during most of these discussions. My family was not aware of my relationship with Caesar and I wasn't about to let the cat out of the bag now.

One night, while I was quietly reading in another room of my house, I heard my son Brutus in the great room entertaining what sounded like a large number of other men. I recognised Cato's voice and a few of the others, but many were strangers to me. At one point, I heard Brutus shouting:

"And what if he abolishes the Senate and everyone in it? What will become of us and what will this mean to the free people of Rome?"

Brutus' remarks were followed by others and I listened breathlessly as the crowd of men turned into a loud, blood thirsty mob. Their mood was dark and I was suddenly afraid, not just for Caesar but for myself as well.

What should I do? The question continued to plague me over the next few months. Should I betray my family and speak to Caesar about what I was hearing or keep my mouth shut and remain silent?

It was a tough decision and one that Caesar wasn't making any easier. He had become increasingly annoying. I had sent a few invites his way recently and he had turned them all down.

It was only after hearing some of my slaves chattering in the kitchen this morning that I finally understood. Caesar was ignoring me because his attentions were going elsewhere. It appeared Caesar was cozying up to that awful sand flea, Cleopatra. Rumour had it he was even bringing her to Rome and setting her up with her own apartment. How could I have been so blind!

Things didn't look good at all.

# The Last Days of Caesar

As Caesar's favourite servant I spent most nights awake answering his calls. This day was no different. From my chambers I could hear the bell beckoning me to his bedroom. When I entered the room I could see his wife Calpurnia pulling a warm cape over her night clothes.

"He says he has a headache," she barked angrily. "I will find another bed to sleep in." She stormed by me as I stood at the open door awaiting his command.

"Oh, my dear Caesaris bring me something for the thunder in my head," moaned Caesar. "I need something quickly before I lose all control."

I immediately scurried down to the kitchen where I made a warm tea from special herbs. It had been a trying month for my master. If it wasn't one thing, it was another. He had just returned home from a short weekend away, squashing yet another rebellion in a neighbouring province. He looked tired.

As if fighting the rebels wasn't already enough, there was a battle or two on the home-front that was making the winter of 44 BC colder than usual. Things between Caesar and his Calpurnia were going downhill. There was talk about another girlfriend and Calpurnia was clearly not amused.

The climate at work was heated as well. Many of

Rome's Senate members were clearly unhappy with Caesar's leadership. They had given him the sole power to rule but suddenly the Senators were questioning their own decision. They were now worried that Caesar might abolish the Senate, leaving them without jobs.

I had worked in the house of Caesar for as long as I could remember. Because I was a servant in the house of Caesar, I had been given the name Caesaris, as was the custom. One of the older servants who cleaned the bath house said I had been brought back to Rome after the Gaul campaign.

I had no idea who my parents were or whether they were even still alive. I had been found by one of Caesar's soldiers, abandoned and hiding in the forest. By the grace of Caesar I had been saved from a quick death.

I was still treated by most as a servant but I knew that Caesar found a special place in his big heart for me. I kept my feelings to myself when I was in the company of the other house servants, but when I was alone with Caesar; I felt only love and gratitude. This was the closest I would ever come to having a father in my life.

Caesar was sitting on the sofa when I returned with his tea. He drank it slowly and then spoke. "My Caesaris, you have grown into a lovely young woman. I wish only the best for you in the days ahead. I will not see you abandoned again."

Caesar's words weighed heavily on me as I quietly exited the room. My Caesar almost sounded like he was preparing himself for the worst of times. I knew Caesar was having a bad time of late, but surely his enemies would see the error of their ways ... or so I hoped.

After all, Caesar had been good for Romans. With thousands of his countrymen behind him, he had won new territories well beyond the existing borders of Rome. With these conquests came great riches. It was a matter of written record that Caesar had conquered at least eight hundred cities! He was a great military commander and an even better statesman.

He created a police force to protect his people, abolished unreasonable taxes and made a law forbidding extortion. He even produced Rome's first newspaper, the Acta Diuma, which chronicled the activities of government leaders in the Assembly and the Senate. In addition, he created the Julian calendar which successfully replaced the Roman calendar. Not too shabby at all, I thought.

Several weeks later everything changed. That fateful morning I heard Calpurnia crying inside her bedroom chamber. She was begging Caesar not to go to work. Calpurnia was claiming a dream had warned her that a tragic event was about to occur. Caesar laughed the warning off and proceeded to the Senate for what he thought would be a normal day of business.

By mid-afternoon, the house of Caesar was dead quiet. A messenger had arrived a few hours earlier to inform Calpurnia of the assassination of Caesar. Caesar had arrived at the Senate that morning to find a mob of angry senators waiting with murder on their minds. According to reports that trickled in later that day, there were almost sixty attackers in the group. Caesar had been stabbed twenty three times!

When I heard the news I collapsed in my room, sobbing. Caesar was gone. Calpurnia treated me nicely enough but there was always a distance between us. Caesar was different. He had treated me only with kindness.

Within a month of the assassination I heard more news, this time from Caesar's last will and testament, that left me shocked and overjoyed. Caesar had left instructions in his will that I be freed upon his death. As was the Roman custom, he was obliged to provide a freed slave with a house and a means of support and this promise to me was kept.

Now, many years later, I still think of Caesar at least once every day. I know Caesar had a real daughter of his own named Julia. While I could never claim to be his legal offspring, I thank the Gods daily for providing me with a man who was like a father; my benefactor and champion, the great Julius Caesar.

Made in the USA
Columbia, SC
14 August 2024

40421597R00059